projeto CIÊNCIA

A dinâmica do corpo humano

Teresa Grassi-Leonardi
Cristina Leonardi

Coordenação:
Kátia Mantovani

11ª edição

Ilustrações:
Grego
Osni de Oliveira

Conforme a nova ortografia

Atual Editora

Apresentação

O ensino de Ciências no 1º e 2º graus tem sido bastante discutido nos últimos anos. Busca-se, atualmente, torná-lo o mais próximo possível da realidade dos alunos, fazendo com que o aprendizado parta da experiência cotidiana, de modo a favorecer a compreensão e fixação do conteúdo.

Nesse contexto, nosso trabalho explorou a estreita relação entre Ciências e Educação Física. A partir de uma situação de treinamento desportivo, o aluno é conduzido a uma análise funcional do corpo humano e da importância de seu equilíbrio.

Agradecemos ao Instituto Arbos de Ensino e ao Hospital Santo André a cessão de espaço e material para a execução de fotografias que ajudaram a enriquecer este trabalho.

As autoras

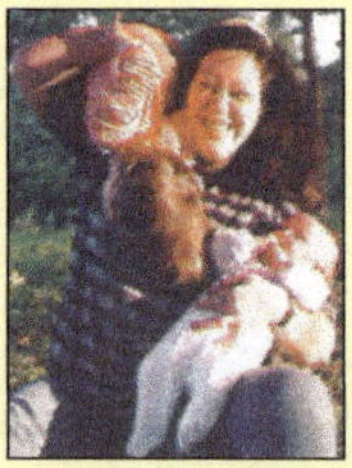

Nascida em São Paulo, casada, ***Teresa Cristina Cume Grassi-Leonardi*** *é bacharel e licenciada em Física pela PUC-SP e pós-graduada em Astronomia pelo IAG-USP. Coautora da coleção Ciência e Realidade, editada pela Atual Editora, atualmente é professora e coordenadora de Ciências na rede particular de ensino.*

Santista, nascida em 1966, ***Cristina Goulart Borgomoni Leonardi*** *é formada em Educação Física pela Uniceb. Foi jogadora de 1985 a 1987 e preparadora física da seleção santista de handebol até 1991. Atualmente é professora de Educação Física da rede particular de ensino.*

Índice

Capítulo 1 A competição

Zuca e Lucas são colegas de classe desde o tempo da pré-escola e, se tudo der certo, ano que vem terminam o primeiro grau.

Certo dia, Zuca saía afobado do laboratório de ciências quando viu Lucas correndo em sua direção:

— Ei, Zuca, você viu no mural? Tem uma chamada geral para uma competição, um tal de triatlo. Parece que o cara tem que nadar um pouco, andar de *bike* e depois correr um tanto. Vamos entrar nessa?

— É, até que podia ser!

— Taí — diz Zuca após uma breve reflexão —, gostei! Boa ideia.

Ainda discutindo sobre a competição, vão caminhando juntos para casa, alimentando seus sonhos de vitórias e prêmios.

Na manhã seguinte, antes do início das aulas, Zuca e Lucas encontram-se no pátio.

— E aí, você já começou a se preparar para a competição?

— Cara, eu já andei treinando, mas estou todo estourado. Acho que não dou pra isso não.

— Nossa, mas quem orientou o seu treino?

— Ninguém, ora!

— Então é isso! Você não pode ir treinando assim, de qualquer jeito. Precisa ter orientação. Você conhece o professor de Educação Física, o professor Roberto? Vamos lá bater um papo. Ele é legal e eu acho que é quem pode nos ajudar.

Saíram os dois, em direção ao ginásio de esportes. Coitado do Zuca, nem conseguia andar direito, se arrastava.

Chegando ao ginásio, encontraram o professor Roberto trabalhando os meninos do time de futebol.

— Oi, professor, dá pra conversar um pouquinho?

— Oi, Lucas... Zuca, tudo bem? Claro que dá. Vocês resolveram entrar para o time de futebol?

— Não é bem isso. O Zuca queria entrar na competição que está anunciada no mural, aquela tal do triatlo. Ele andou treinando, mas não deu muito certo. O senhor não quer dar uma força?

— Você está querendo treinar, Zuca? Muito bom. Vamos então montar um programa completo para que você consiga se preparar direitinho. Sabe, para que você se torne um atleta de verdade, é necessário que você se esforce bastante e, principalmente, se esforce da maneira certa. Um bom preparo físico não aparece de um dia para o outro.

— Continuando, é preciso que você tenha muita paciência e dedicação, e cuide muito bem de você mesmo. Está disposto?

— Tudo bem, vamos lá!

O que é o triatlo?

Zuca, crente de que iria começar uma série de exercícios físicos, coloca-se em posição de sentido.

— Calma aí, rapaz. Antes de posicionar o seu corpo, vamos ver se você sabe para que está se preparando. Em primeiro lugar, você sabe direitinho o que é o triatlo?

— Pra dizer a verdade, só o que eu li no mural.

— O.k. Então, nós vamos começar o nosso treinamento na biblioteca.

Ao chegar à biblioteca, o professor Roberto retira da estante a revista “Superatletas”, procura uma mesa desocupada e senta-se com os dois garotos.

— Bom, a história é a seguinte:

Num certo dia do ano de 1978, no Havaí, três amigos — um maratonista, um nadador e um ciclista — estavam na maior discussão para saber qual deles era o melhor esportista. Resolveram solucionar o impasse com uma competição. Para que a prova fosse justa e imparcial era necessário que não houvesse vantagem para nenhum deles. Ora, a única solução era "montar" uma prova que tivesse os três esportes. Nasceu, então, o triatlo.

O triatlo consiste em um percurso de 3,8 quilômetros de natação, seguido de 180 quilômetros de ciclismo e 42,19 quilômetros de corrida. O número de adeptos dessa modalidade esportiva tem aumentado dia a dia em todo o mundo, particularmente no Brasil.

Como o triatlo é uma competição que requer excelente preparo físico, inicialmente era pequeno o número de participantes. Com o intuito de permitir a sua popularização, foram criadas modalidades mais amenas (percursos menores), como, por exemplo, o *short-triatlo*, que tem as distâncias reduzidas a 750 metros de natação, 20 quilômetros de ciclismo e 5 quilômetros de corrida.

— Agora que vocês já sabem do que se trata a competição na qual pretendem se inscrever, vamos ver quais são as principais etapas a serem vencidas durante o treinamento.

Empolgado com a história que acabara de ouvir, Zuca já foi se manifestando...

— Que tal começar correndo uns 20 000 metros? Será que dá?

— Ei, vamos devagar — corta o treinador. Para começo de conversa, vamos organizando o que vocês têm que fazer ao longo do dia.

— Estou fora — diz Lucas. — Meu negócio é basquete.

— Eu sei que você está em treinamento, Lucas, mas o que eu vou falar com o Zuca pode ser bastante útil para qualquer tipo de treinamento. Você não quer nos acompanhar?

— É, pode ser — diz Lucas com um ar meio desconfiado.

Capítulo 2

Um pouco de organização

Com lápis e papel na mão, o professor Roberto dá início à segunda etapa do treinamento do Zuca: a organização do tempo.

— Você estuda de manhã, não é mesmo?

— É isso aí, professor.

— É muito importante que você consiga dividir seu tempo restante, tarde e noite, entre lições, treinos e seus outros afazeres. Ainda dentro dessa organização, devem sobrar no mínimo oito horas de sono por noite, ou seja, você precisa dormir cedo.

— Ah! Mas e os filmes da sessão das dez? Já sei, não precisa nem falar, é melhor esquecer, não é isso?

— É isso aí. Bom, eu preciso voltar para a quadra. Vamos andando e quem sabe, enquanto isso, eu consiga fazer você entender por que uma boa noite de sono é fundamental.

Ao longo do percurso entre a biblioteca e a quadra, o professor vai passando aos seus novos alunos algumas informações sobre o mecanismo do sono.

O sono

— Dormir é uma atividade característica dos animais vertebrados, ou seja, todos os vertebrados dormem. Pode ser até muito estranho dizer que o sono é uma atividade, pois temos a impressão (errada, diga-se de passagem) de que durante o sono nada em nosso corpo "funciona". A grande maioria dos cientistas que estudavam as atividades humanas também achava, até o início do nosso século, que durante o sono o nosso corpo, bem como o nosso cérebro, literalmente não fazia nada.

Graças a um instrumento chamado aparelho de eletroencefalograma, desenvolvido a pedido do cientista alemão *Hans Berger*, pôde-se verificar que o cérebro não parava de funcionar durante o sono.

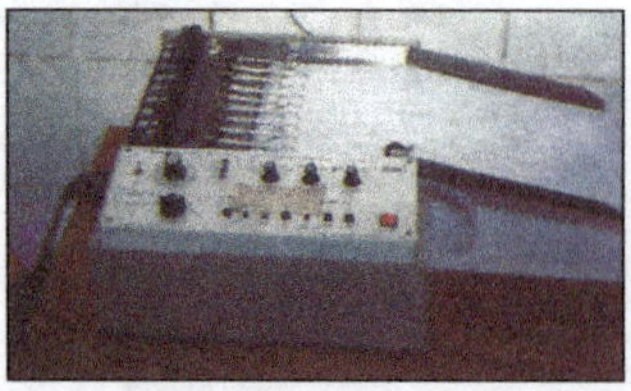

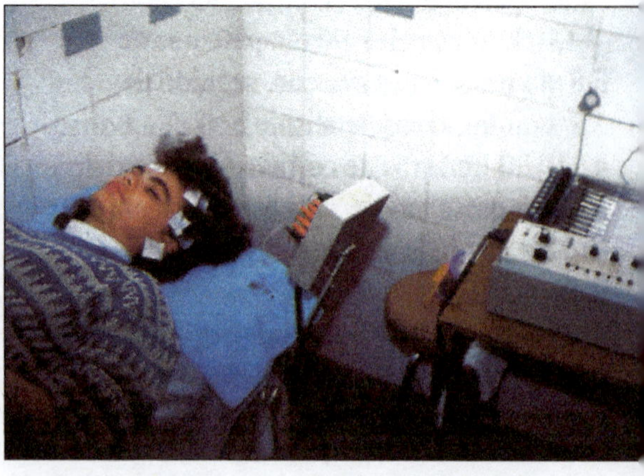

Aparelho de eletroencefalograma em uso e um registro em detalhe.

Eletroencefalograma

Nosso corpo realiza no seu cotidiano inúmeras atividades. Para que essas atividades sejam realizadas a contento é necessária a atuação de um sistema controlador. Uma parte considerável desse controle é realizada pelo sistema nervoso. A condução dos estímulos se dá através de impulsos elétricos que percorrem uma enorme rede de células nervosas (neurônios).

Imaginemos um neurônio em repouso. Sua membrana plasmática apresenta uma propriedade chamada permeabilidade seletiva, ou seja, ela mantém no interior do neurônio algumas substâncias que não têm como passar por ela para atingir o meio externo, e, por outro lado, algumas outras substâncias não conseguem vir do meio externo para o interior da célula. Quando a célula recebe um estímulo, a membrana plasmática aumenta a sua permeabilidade, ou seja, ela passa a permitir o transporte de algumas substâncias do meio interno para o externo e vice-versa. Como consequência desse processo, verificamos uma variação no potencial elétrico da célula, ou seja, permitimos à célula conduzir eletricidade.

Essa eletricidade que transita pelas células pode ser detectada com o auxílio de um aparelho de eletroencefalograma.

Prende-se à cabeça (couro cabeludo) da pessoa que vai se submeter ao exame um conjunto de terminais chamados eletrodos. Esses eletrodos são muito sensíveis e transmitem ao aparelho as pequenas variações de potencial elétrico verificadas no tecido nervoso. Essas variações podem ser registradas em uma tira de papel. Normalmente, se observamos a existência de um registro, é sinal que houve a passagem de um impulso nervoso.

CADEIA DE NEURÔNIOS

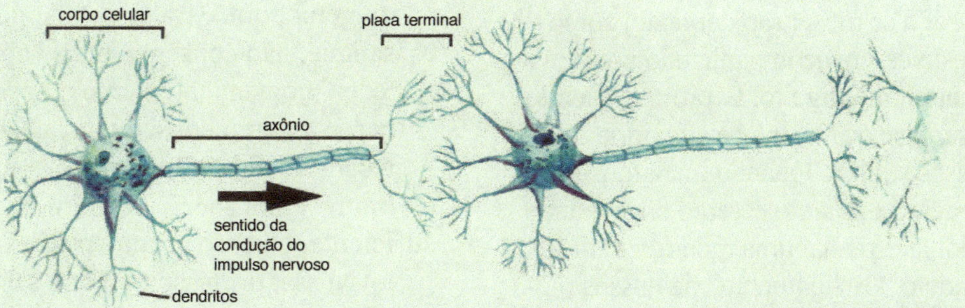

Cadeia de neurônios.

— Isso é muito interessante, professor. E como funciona o cérebro enquanto dormimos?

— Bem, atualmente acredita-se que o mecanismo do sono funciona da seguinte maneira:

Primeiro estágio

Na primeira fase do sono estamos simplesmente passando da situação *acordado* para a situação *dormindo*. Essa etapa do sono pode durar até aproximadamente sete minutos, e, nesse intervalo de tempo, acordamos com facilidade, ao menor ruído.

Segundo estágio

Passado o primeiro estágio, o sono vai se tornando cada vez mais profundo.

Observando o eletroencefalograma de seres humanos, verificamos claramente uma diminuição no ritmo de funcionamento do cérebro. Os músculos se relaxam. É chegado o momento no qual o cérebro comanda um mutirão realizado entre as glândulas do corpo, ordenando a liberação de hormônios que vão ajudar a restaurar os tecidos danificados do organismo e ainda auxiliar no desenvolvimento de ossos e músculos, quando o corpo ainda está em fase de crescimento.

Terceiro estágio

Nesta fase estamos mergulhados num sono muito profundo e é extremamente difícil alguém nos acordar. O nosso cérebro entra num ritmo muito parecido com o que tem quando estamos acordados. Os nossos olhos podem passar a se mexer rapidamente, como se estivessem acompanhando um movimento muito ligeiro. É, provavelmente, nesta fase que acontece a maioria de nossos sonhos. Quando iniciamos o processo *sonhar,* o cérebro envia para a medula espinhal uma mensagem ordenando o "desligamento" de nossos movimentos. Se isso não acontecesse, nos moveríamos conforme nossos sonhos e poderíamos nos machucar ou, na melhor das hipóteses, acordar em posições bem estranhas. Acredita-se que é nesta fase do sono que o cérebro se recupera para enfrentar um novo dia.

Esses três estágios formam, juntos, um ciclo que acontece, aproximadamente, a cada hora e meia. A sequência dos três estágios, ou seja, do ciclo, pode acontecer de três a seis vezes por noite de sono.

A importância do sono

— Se alguém resolvesse, simplesmente, parar de dormir, o seu corpo e o seu cérebro não iam ter mais essa parada para se restaurar, não é? Quais seriam as consequências?

— Muitas! Cansado, o nosso cérebro não consegue mais prestar atenção a nada, ou seja, não conseguimos nos concentrar. O corpo caminha para um estado de estressamento, e aí:

- a agressividade aumenta;
- podem surgir úlceras no estômago;
- os batimentos cardíacos podem aumentar muito de ritmo, mesmo que a pessoa não realize nenhum tipo de esforço (taquicardia);
- os músculos vão enrijecendo, e ao ficarem mais duros começam a dificultar a passagem do sangue. O oxigênio, que é transportado pelo sangue, não consegue mais "abastecer" convenientemente o nosso corpo e como consequência acontecem as câibras.

Em resumo, se não dormimos o suficiente, o nosso corpo "pifa".

— Nossa, professor, eu não sabia que ficar sem dormir podia deixar a gente assim tão acabado! É bom o senhor contar tudo isso para o meu pai, ele dorme muito pouco.

— Posso confiar que você vai cuidar de dormir o suficiente?

— Claro!

Chegando à quadra, o professor Roberto pede aos dois garotos que sentem na arquibancada e esperem um pouco.

— É só o tempo de fornecer as últimas instruções para os meninos e mandá-los para o chuveiro.

Capítulo 3 A alimentação

Cuidados com a alimentação

Encerrado o treino, o professor Roberto vem sentar-se junto aos garotos.

— O.k., agora a conversa é com o nosso amigo Zuca. Vamos agora estudar uma dieta bem equilibrada para você.

— Mas dieta para quê?! — espanta-se Zuca. — Eu não estou gordo nem nada!

— Você não entendeu. Para que seu corpo esteja apto ao treinamento, é preciso uma alimentação equilibrada. Ora, Zuca, mas vocês já aprenderam isso em Ciências!

— É, mas eu não lembro mais. Era tanto nome... eu só decorei para fazer a prova. Afinal, pra que é que eu preciso saber tudo aquilo?

— Você já vai ver... Preste bastante atenção. Assim como o automóvel precisa de combustível, nosso corpo, como qualquer máquina, necessita de alimentos (combustível) para a sua sobrevivência. Ainda necessita de mais combustível, pois um automóvel, quando está parado, não gasta nenhuma energia, o que já não é o caso do nosso organismo.

Nosso corpo nunca está totalmente parado. Nós já vimos que mesmo quando nos encontramos em repouso, dormindo, nosso cérebro está em atividade, nosso coração bate, o sangue circula atravessando metros e mais metros de dutos no interior do nosso corpo, nosso estômago e intestinos trabalham incansavelmente realizando a digestão, e um sem-fim de outras atividades, imperceptíveis ao observador comum, acontecem ininterruptamente.

Vocês sabem qual o melhor combustível, ou melhor, quais são os melhores alimentos para o nosso corpo?

Tenho certeza de que a primeira resposta que vem à cabeça de vocês é algo como hambúrguer, *milk shake*, batata frita, chocolate, e outras delícias que dão água na boca. Não que esses não sejam alimentos, mas com certeza não são os únicos nem tampouco são suficientes para que possamos considerar que o nosso corpo está alimentado.

— Mas, professor, se não sentimos mais fome, isso não é sinal de que o corpo está bem alimentado? Faz diferença que tipo de alimento comemos?

— Para que tudo fique mais claro, vamos ver como é que funciona o nosso corpo.

A digestão

Como tudo no Universo, toda e qualquer transformação química ou física que venha a ocorrer em nosso corpo depende da presença de energia. Alimentar o nosso corpo é dar-lhe condições de acumular ou transformar energia para que ele se mantenha, restaure, movimente, ou seja, viva.

Vocês sabem que a unidade básica dos seres vivos recebe o nome de *célula*. Nosso corpo é composto por um enorme número dessas células, que se diferenciam umas das outras, dependendo da função que a elas for destinada em nosso corpo. Ao conjunto formado por células semelhantes, que exercem a mesma função, damos o nome de *tecido*. Eu posso citar para vocês tecidos como o muscular, o ósseo, o nervoso, e outros. São os tecidos que, formando órgãos, revestindo estruturas, preenchendo espaços, dando sustentação, transportando substâncias, compõem o nosso corpo.

Para que cada um dos tipos de células que formam o nosso corpo possa realizar bem suas funções, é preciso fornecermos a elas o "tipo certo de combustível". O alimento que ingerimos passa por uma série de transformações nas quais vai sendo quebrado até atingir um estágio no qual pode ser absorvido pelas nossas células. Quando as substâncias que compunham o alimento atingem esse estágio, recebem a denominação de *nutrientes*.

Vamos inicialmente dar uma lembradinha no processo da digestão. Como é que a comida que ingerimos chega até as células do nosso corpo?

— Ah! de comida eu manjo — interrompe Lucas. — A gente coloca a comida na boca. Os *dentes* vão moendo essa comida enquanto ela vai sendo misturada com a saliva. Na saliva tem uma enzima chamada *ptialina* que já começa a *atacar* a comida, que nessa altura do campeonato já virou bolo, que vai ser empurrado pela *língua*, goela abaixo.

— É isso mesmo, Lucas, você está falando do *bolo alimentar*. Você sabe explicar o resto do caminho percorrido pelo alimento?

— Vamos ver... Bom, nesse ponto a comida precisa ir para a barriga, só que tem um problema: no nosso corpo, o caminho que a comida faz para ir ao *estômago* e o que o ar faz para ir para os *pulmões* ficam muito próximos, um na frente do outro, no interior da *faringe*. Se o bolo alimentar descesse pelo "caminho errado", obstruiria as vias respiratórias. Para evitar engasgos ou mesmo asfixia, uma espécie de tampinha, chamada *epiglote*, faz com que, quando a gente está engolindo, o caminho para os pulmões fique impedido.

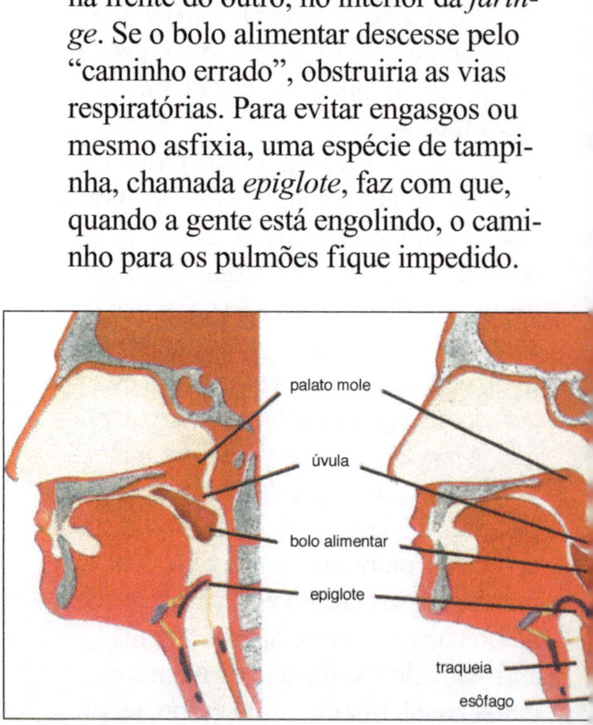

— Pode deixar que eu continuo — diz o professor. — Esses movimentos de contração realizados pelo tubo digestivo recebem o nome de *movimentos peristálticos*, e vão empurrando o bolo até o estômago. No estômago, o alimento vai receber o banho de um líquido chamado *suco gástrico*, que é uma mistura de um ácido chamado *clorídrico* e algumas *enzimas*.

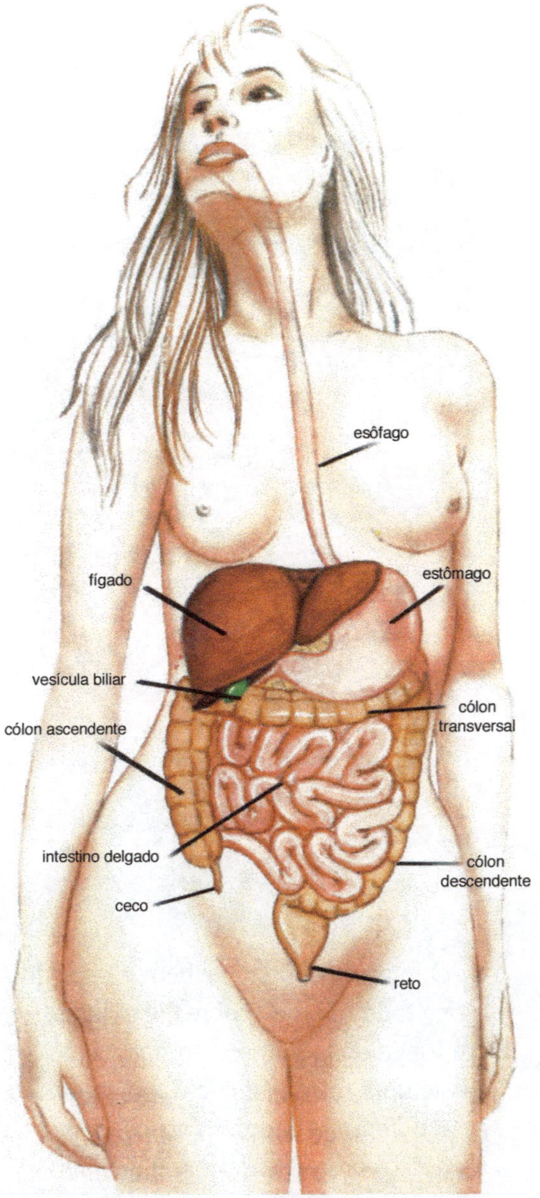

Enzimas

As enzimas são proteínas produzidas no interior das células por uma organela chamada ribossomo.

Para que servem essas enzimas?

No nosso corpo, uma série de transformações acontecem continuamente. No caso da digestão, essas transformações são evidentes. Ingerimos bifes, arroz, batatas... e esses alimentos vão sendo inicialmente triturados e misturados, mas logo começam a ser realmente transformados, através da ação de uma série de substâncias produzidas por nosso corpo, para que possam ser absorvidos por nossas células. É aí que as enzimas realizam seu papel, atuando de forma tal que as transformações passam a acontecer muito mais depressa.

— Até aí está perfeito. Tome fôlego e continue.

— Continuando — diz Lucas já com ares de professor —, o *esôfago* vai se contraindo ininterruptamente e dessa forma vai empurrando o bolo para baixo. É como se fosse um tubo de pasta de dente, não é mesmo, professor?

— É, sim, mas e depois?

— Depois... depois eu esqueci!

O suco gástrico é produzido pelas células que ficam nas paredes do estômago. Um dado interessante é o fato de essas mesmas células também produzirem um muco, um material que vai aderir à parede interna do estômago, protegendo-a, impedindo que o estômago corroa a si mesmo.

— Credo, professor, e o meu estômago ia me comer por dentro se não fosse esse tal de muco?

— Se o estômago não estivesse bem protegido, ele também sofreria a ação do suco digestivo. Mas, continuando, depois desse banho de ácido, o alimento já virou uma pasta chamada *quimo*. É chegada a hora de ir para o *intestino* terminar a digestão.

— Professor, falta muito? É que eu preciso ir ao banheiro.

— Vamos primeiro fazer o alimento passar pelo intestino e depois, aí sim, você pode ir ao banheiro.

— Está bem...

— O alimento, agora chamado quimo, entra no *intestino delgado*. Numa primeira etapa, o quimo recebe uma secreção proveniente da própria parede do intestino (*suco entérico*), misturada ao *suco pancreático* e à *bile* (ver quadro). É essa mistura que vai fazer com que o alimento que foi ingerido esteja, finalmente, pronto para ser aproveitado pelo nosso corpo. Agora essa pasta recebe o nome de *quilo*.

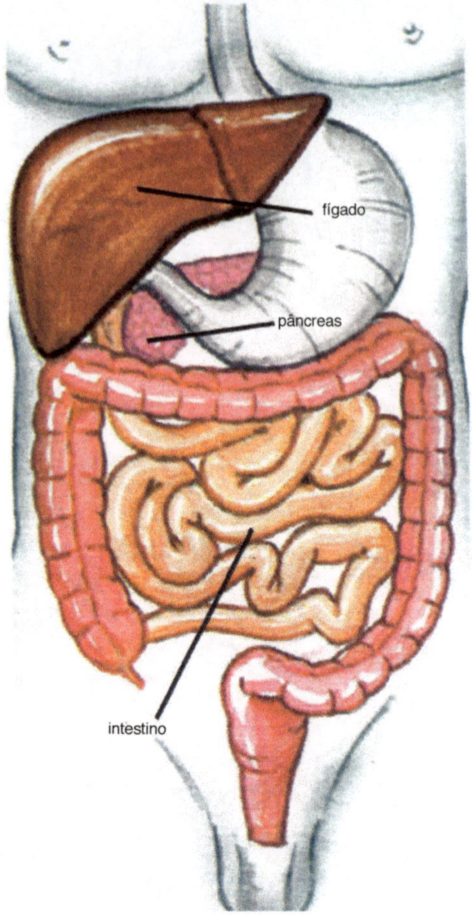

Os sucos digestivos

O suco chamado pancreático *é rico em enzimas e produzido por um órgão chamado pâncreas. Quando vemos ou sentimos o cheiro de algum alimento, ou quando o bolo alimentar atinge o estômago, o cérebro envia uma mensagem. O* pâncreas *recebe a informação e inicia a liberação do suco pancreático.*

A bile *é produzida pelo fígado. Não encontramos enzimas digestivas na bile, porém ela é muito importante para a digestão de gorduras.*

O suco entérico *é produzido pela parede do intestino delgado. Além das enzimas que trabalham na digestão, a parede do intestino também produz um muco que vai revestir a parede do intestino para impedir que ela seja atacada durante o processo digestivo.*

O intestino delgado é bem comprido e fica todo dobrado sobre ele mesmo. Ao longo de todo o seu comprimento existe uma infinidade de *vasos sanguíneos* e *linfáticos* que vão absorver os alimentos e transportá-los às demais células do corpo. Como nem todo o alimento ingerido é aproveitado pelo organismo, é necessário que eliminemos a *sobra*. Um problema que temos ainda que enfrentar é que essa mistura que sobrou apresenta uma grande quantidade de água e sais minerais. Ao passar pelo intestino grosso, finalmente a água e os sais minerais são reabsorvidos. Os resíduos finais são então compactados e expelidos, formando o que vocês conhecem como *fezes*.

Vasos sanguíneos e linfáticos

Somos seres vivos. Temos um corpo e nele cada pedacinho também é vivo.

Para que possamos dar conta da manutenção de cada pequena parte, de cada célula do nosso corpo é necessário que façamos chegar a cada uma dessas células alimento para sua sobrevivência e remover as substâncias indesejáveis para a célula. Quem garante esse transporte de substâncias é o sistema circulatório. Uma enorme quantidade de vasos serve de caminho aos líquidos que exercerão o papel de meio de transporte para as substâncias. O mais famoso desses líquidos é o sangue *(para saber mais leia:* Pelos caminhos do sangue, *de Rogério G. Nigro, Atual), e o outro, a* linfa. *A linfa é um líquido translúcido, meio amarelado, rico em glóbulos brancos e, portanto, de extrema importância para a defesa do nosso organismo.*

— Ah! Lucas, você pode ir ao banheiro agora.

A função dos alimentos

Quando Lucas retorna, o treinador continua sua explicação.

— Muito bem, agora vocês já são *experts* em digestão. Vamos pensar um pouquinho e analisar qual a importância de cada alimento para o nosso corpo.

Primeiro passo

Vamos estudar quais são as necessidades do nosso corpo:

- precisamos de energia para que o nosso corpo possa funcionar;
- precisamos repor substâncias e estruturas desgastadas para que possamos ter um bom crescimento e desenvolvimento;
- e, finalmente, precisamos manter em bom funcionamento as estruturas responsáveis pelo controle e coordenação do conjunto.

Segundo passo

Vamos verificar quais são os tipos de alimento que se prestam a cada uma das nossas necessidades.

Os alimentos chamados energéticos são responsáveis, como o próprio nome diz, pelo fornecimento da energia gasta na realização das atividades do nosso dia a dia (estudar, jogar bola, brincar etc.).

Metabolismo

Nosso corpo produz, continuamente, tecido vivo e energia a partir das substâncias que fornecemos a ele através dos alimentos. O conjunto das transformações bioquímicas pelas quais o alimento passa durante o processo que vai desde o início da digestão até a transformação final do alimento em energia é denominado metabolismo.

Uma parte da energia produzida a partir do nosso metabolismo é transformada em calor e serve para manter a nossa temperatura.

Outra parte é armazenada no interior de alguns compostos até o momento de se tornar necessária para o nosso corpo.

As substâncias destinadas à reposição do material desgastado e ao crescimento do nosso corpo vêm dos alimentos chamados *plásticos*.

— Ô, *professor*, quer dizer que a gente come plástico?

— Nada disso, Zuca. A palavra *plástico* vem do latim e quer dizer "uma coisa que a gente molda com facilidade". Os alimentos chamados plásticos vão ajudar a refazer as partes do nosso corpo que estiverem desgastadas e devem, portanto, se amoldar à forma que o nosso corpo já tem. O plástico ao qual você está se referindo é um material sintético, muito usado atualmente, que também recebeu esse nome por ser facilmente moldável. Vamos continuar?

Finalmente, as substâncias necessárias para que nosso organismo controle as demais funções vêm dos alimentos chamados *reguladores*.

Portanto, para que o nosso corpo funcione direitinho é necessário que mantenhamos uma dieta que inclua todos os tipos de alimento: energéticos, reguladores e plásticos.

Terceiro passo

Vamos verificar quais são as fontes de alimento que encontramos na natureza.

Para início de conversa, os nutrientes que abastecem nosso corpo podem ser de origem orgânica ou inorgânica.

— Ô, professor, o senhor tem certeza de que tudo isso é alimento mesmo? Eu já ouvi falar em carne, ovo e batata, mas nesses tais de carbo... carbo o quê mesmo?

Nutrientes de origem inorgânica	*Água* e sais minerais
Nutrientes de origem orgânica	Proteínas, carboidratos, lipídios e vitaminas.

— Carboidratos, Zuca. Vocês lembram que eu expliquei como funciona a digestão? Quando você ingere, a comida é batata frita, arroz e bife, mas essa comida, durante o processo da digestão, vai sendo partida em pedaços cada vez menores e continuamente transformada. À medida que vai sendo quebrado e transformado, o alimento vai virando uma mistura de carboidratos, lipídios e proteínas, os quais poderão ainda ser reduzidos a partículas menores para que possam ser absorvidos pelas células — isso sem contar a água, as vitaminas e os sais minerais que são absorvidos diretamente, isto é, sem sofrer digestão.

Vamos analisar cada um desses "alimentos" separadamente. Eu acredito que nunca seja demais justificar a importância da *água.* Vocês já devem saber que é ela a responsável pela dissolução de muitas substâncias e que ela facilita a ocorrência das reações que mantêm a nossa vida.

Os *sais minerais* exercem tanto funções plásticas quanto reguladoras. Uma parte dos sais minerais encontra-se dissolvida nos líquidos que existem em nosso corpo (como o sangue e a linfa, por exemplo) e nos tecidos que compõem nossos ossos e dentes, e outra combina-se a uma série de substâncias, passando a tomar parte em fenômenos como: o transporte de gases, a síntese de substâncias e a regulação de uma série de atividades (a contração muscular, por exemplo).

Tratando de nutrientes orgânicos, os que se apresentam em maior quantidade no nosso corpo são, sem dúvida, as *proteínas*.

As proteínas são formadas pela união de centenas de *aminoácidos*. Durante a digestão, as proteínas são quebradas. O resultado dessa quebra são os aminoácidos. Dependendo das necessidades do nosso corpo, as células se encarregam de reagrupar os aminoácidos para que se obtenham novas proteínas. As proteínas podem apresentar as funções:

- *plástica*: formação dos músculos (actina e miosina) e dos ossos (osseína e colágeno);
- *enzimas*: proteínas que são importantíssimas para a realização das reações do nosso organismo;
- *anticorpos*: responsáveis pela defesa do nosso organismo;
- *hormônios*: responsáveis pela regulação do metabolismo.

Uma alimentação incorreta ou precária pode causar a desnutrição, situação na qual as proteínas passam a ser consumidas como alimento energético.

Em algumas situações-limite, como no caso de pessoas desnutridas, as proteínas podem vir a ter função energética.

Os *carboidratos* têm função energética. Vocês devem estar mais acostumados a chamar os carboidratos de *açúcares*. Existem carboidratos complexos que precisam ser quebrados em unidades básicas para só depois serem utilizados pelas nossas células. Outros, como a glicose, apresentam uma estrutura simples e podem ser utilizados diretamente. No caso de ingerirmos uma grande quantidade de açúcar, o excesso será em parte armazenado no fígado, sob forma de glicogênio, e o restante será transformado em gordura.

Os *lipídios* podem ser tanto de origem animal quanto vegetal. São mais conhecidos como gorduras e apresentam função tanto plástica (tendo, inclusive, a importante função de proteger órgãos sensíveis como os rins, por exemplo, e de servir como isolantes térmicos), quanto energética, pois correspondem a um estoque de energia para nosso organismo.

Finalmente, as *vitaminas*. As vitaminas são substâncias essenciais de que o nosso organismo necessita em "pequenas quantidades". Como nosso organismo não produz as vitaminas de que precisa para sua sobrevivência, é necessário que elas estejam presentes na nossa alimentação diária.

— Ah — diz Zuca —, desse lance de vitamina eu estou por dentro. A minha mãe falou que estava precisando se cuidar um pouco, e comprou uma porção de frascos de vitaminas de tudo quanto é nome, e ela toma todo dia.

— Ela consultou um médico?

— Acho que não.

— Aconselhe sua mãe a procurar um clínico antes de se "encher" de vitaminas. Em primeiro lugar ela deveria ter feito alguns exames para saber quais as vitaminas que estão "faltando" em seu corpo. Tanto faz mal a falta quanto o excesso de vitaminas. O ideal é procurar uma alimentação equilibrada que já contenha todas as vitaminas necessárias ao nosso corpo. Vitaminas, sob forma de medicamentos, somente devem ser utilizadas se o médico indicar.

Uma alimentação balanceada

— E aí, Zuca, deu para entender por que é preciso tentar manter uma dieta equilibrada?

— Eu acho que é porque o meu corpo precisa de todos os tipos de alimento para funcionar bem. Se eu comer só alimentos energéticos como aqueles tais carboi, carboiiiii...

— Carboidratos.

— É isso aí. Se eu me alimentar só de carboidratos, eu não vou ter nenhum material para poder fortalecer e aumentar os meus músculos e ossos, por exemplo.

— Tudo bem. Vamos agora pensar um pouco na melhor forma de você se alimentar. Eu tenho aqui um quadro que mostra em que alimentos é possível encontrar cada tipo de nutriente orgânico.

— Leve estas duas listas para sua casa, converse com sua mãe e, de acordo com os hábitos da sua família, procure montar um cardápio o mais equilibrado possível. Não esqueça de fazer sua parte e colabore comendo tudo, mesmo aquela "verdurinha esquisita", o.k.? Amanhã nos encontramos às 8 horas na escola para realizarmos os exames.

— Obrigado, professor. Quanto à comida, deixe comigo. Agora, quanto aos exames, que exames são esses? — indaga Zuca, deixando transparecer alguma preocupação.

— Os exames médicos, é claro. Você não pode começar nenhum treinamento antes de saber quais são as condições do seu corpo.

Carboidratos	Açúcar, mel, pão, macarrão, frutas, batata, milho.
Proteínas	Carne de porco, vaca, frango, peixe, ovo, leite, queijo, feijão.
Lipídios	Ovos, biscoitos, óleos, manteiga, queijo, chocolate.

Vitamina	*Função do organismo*	*Principais fontes*	*Problemas causados pela carência*	*O que pode destruí-la*
A Retinol	Responsável pelos pigmentos que permitem a visão noturna; mantém tecido; regula algumas glândulas.	Fígado, ovo, leite, manteiga, legumes verdes ou alaranjados, cenoura.	Cegueira noturna, problema de pele e mucosas.	Ingestão de álcool, óleo mineral, desidratação e calor.
B_1 Tiamina	Participa de reações importantes para os músculos e o cérebro.	Carnes, cereais, legumes, leite e levedura.	Beribéri, atrofia muscular, fadiga, perda de peso.	Álcool, alguns antibióticos e calor.
B_2 Riboflavina	Reações relacionadas às mucosas e à visão. Auxilia na cicatrização.	Leite e derivados, cereais, aves, peixe e fígado.	Lesões na pele e mucosas.	Luz, água e anticoncepcionais.
B_3 ou PP Niacina	Obtenção de energia.	Carnes, peixe, amendoim, fígado, tâmara e ameixa.	Lesões na pele, fadiga e insônia.	Água e álcool.
B_5 Ácido pantênico	Produções de energia e controle das suprarrenais.	Em quase todos os alimentos.	Doenças do sangue e da pele, úlceras.	Calor, enlatados, álcool e tranquilizantes.
B_6 Piridoxina	Metabolismo de proteínas e glóbulos vermelhos.	Levedura, carnes, ovos, leite, repolho e melão.	Fadiga, vertigens, distúrbios nervosos, convulsões.	Álcool, calor, água, armazenamento prolongado.
B_8 Biotina	Digestão de gorduras.	Carnes, leite, cereais, ovos, nozes e castanhas.	Não há registro.	Álcool e água.
B_9 Ácido fólico	Divisão celular.	Frutas, fígado, cereais, verduras cruas e carnes em geral.	Anemia e problemas neurológicos.	Água, álcool, luz, calor, anticoncepcionais.
B12 Cianocobalamina	Formação de glóbulos vermelhos.	Carne, peixe, leite e seus derivados.	Anemia e problemas neurológicos.	Calor, água, luz, álcool.
C Ácido ascórbico	Fixação de ferro e manutenção das fibras de colágeno.	Frutas cítricas, legumes e batata.	Escorbuto e perda de apetite.	Fumo, calor, água do cozimento, oxigênio e álcool.
D Calciferol	Assimilação de sais, crescimento e reconstituição dos ossos.	Ovos, óleos vegetais, germe de trigo, miúdos.	Raquitismo, osteoporose.	Óleo mineral e poluentes do ar.
E Tocoferol	Manutenção dos tecidos e digestão das gorduras.	Leite, manteiga, ovo, germe de trigo, cereais e verduras escuras.	Esterilidade.	Fumo, óleos minerais.
K Filoquinona	Coagulação e respiração.	Fígado, ovo, iogurte, verduras cruas.	Colites e hemorragias.	Congelamento, poluente, ácido acetilsalicílico.

Sugestão de uma dieta equilibrada

Alimentos do grupo do leite

Crianças com menos de 9 anos	*2 a 3 copos*
Crianças entre 9 e 12 anos	*3 ou mais copos*
Adolescentes	*4 ou mais copos*
Adultos	*2 ou mais copos*
Mulheres durante a gravidez e a lactação	*1 litro ou mais*

Derivados do leite podem substituí-lo ou complementar a dieta.
(50 gramas de queijo equivalem a cerca de 1 copo de leite.)

Alimentos do grupo da carne

Duas ou mais porções de carne de vaca, porco, ave ou peixe (uma porção equivale a cerca de 100 gramas de carne ou 120 gramas de peixe ou ave).
Podem ser usados como substitutos: ovos, queijo, feijão, soja, ervilha ou lentilha (uma xícara de chá de feijão cozido equivale a uma porção de carne).
As proteínas vegetais devem ser suplementadas com alguma proteína animal consumida na mesma refeição.
Dois ovos equivalem a uma porção de carne. Eles devem ser ingeridos pelo menos três vezes por semana.

Alimentos do grupo das hortaliças, legumes e frutas

Duas ou mais porções de hortaliça ou legume (uma porção equivale a meia xícara de chá); pelo menos uma porção deve ser crua.
Duas ou mais frutas; pelo menos uma delas deve ser rica em vitamina C (fruta cítrica, goiaba, caju, mamão etc.).

Grupo de cereais e tubérculos

Cinco ou mais porções de cereais prontos (arroz, pão, macarrão), batata, mandioca ou polenta (uma porção equivale a meio pãozinho, duas fatias de pão de fôrma ou 3/4 de xícara de chá de arroz, macarrão, batata etc.).
É importante que os cereais sejam integrais ou enriquecidos.

Capítulo 4 A condição física

O exame médico

No dia seguinte, pontualmente às 8 horas, nosso amigo Zuca chega à escola. Já na porta encontra-se com o professor Roberto.

— Bom dia, Zuca. Pronto para encarar o médico?

— Eu não sei não. Esse papo de médico me causa arrepios.

— Pode até ser, mas nós precisamos do "sinal verde" do dr. Paulo para dar início ao treinamento.

Armando-se de cara e principalmente de coragem, Zuca segue o seu treinador até a enfermaria da escola. Enquanto aguardavam o médico, que estava atendendo a um menino, Zuca ficou observando atenciosamente a saleta que, na enfermaria, servia de consultório ao médico. Todos aqueles pequenos instrumentos metálicos pareciam, aos seus olhos, instrumentos de tortura e horror. Quando o garoto que estava sendo medicado finalmente saiu, a enfermeira os chamou, e...

— Bom dia, dr. Paulo.

— Bom dia, professor. O que temos aqui, algum aluno machucado?

— Não, este é o nosso futuro triatleta. Estamos estudando um programa de treinamento e gostaríamos de, antes de qualquer coisa, obter uma avaliação médica das suas condições físicas.

— Com prazer. Então, rapazinho, qual o seu nome?

— José Carlos, doutor, mas todos me chamam Zuca.

— Pois bem, Zuca, eu vou fazer alguns testes simples com você. Aqui na escola temos apenas o material para fazer alguns testes básicos. Eu vou pedir que você faça alguns outros exames e avaliações em outros locais e depois me traga os resultados para que a sua avaliação fique mais completa, o.k.? Em primeiro lugar você vai preencher este questionário. Com as respostas da primeira questão (idade, peso e altura) poderemos verificar a evolução do seu crescimento. A seguir, você vai responder a uma série de perguntas com toda a sinceridade, para que possamos ter uma ideia de sua vida clínica.

Zuca pegou o formulário e foi respondendo, uma a uma, a todas as questões.

Questionário clínico

1) Nome: ______________________ Idade: ____________________

Peso: ______________________ Altura: ____________________

2) Você se alimenta bem? ________________________________

3) Você dorme bem? ____________________________________

4) Quais as doenças que você já teve? ______________________

____

5) Você toma algum medicamento todos os dias? ______________

Qual? ____

6) Sente alguma dor ou tontura quando realiza atividade física? __________

7) Alguém, na sua família, tem problemas de coração, pressão ou respiratórios? ________________________________

— Pronto, doutor. A última resposta eu não garanto. Posso perguntar para a minha mãe, e responder depois?

— Claro que pode. O importante é que as respostas estejam o mais completas possível.

Conduzindo o nosso futuro esportista até uma poltrona, dr. Paulo dá continuidade ao exame.

— Vamos agora à parte prática. Em primeiro lugar tire sua camisa e vamos medir sua pressão e sua pulsação em repouso e depois de você fazer uma volta completa em torno da quadra, correndo. Zuca, você sabe que pressão é essa que nós vamos medir?

— Eu não, senhor.

— É o seguinte: Você sabe que o nosso *coração* é constituído por um músculo chamado *miocárdio*. Através de um movimento periódico de contração e relaxamento do miocárdio, o sangue é impulsionado para as artérias pulmonares e para a aorta, e daí para o resto do corpo (veja o quadro). Quando o sangue passa pelas artérias e veias, empurra as paredes desses dutos, exercendo sobre eles certa *pressão*. Durante a contração do miocárdio (*sístole*), o sangue “passa empurrando” as paredes das artérias com mais força, ou seja, é nesse momento que a pressão é máxima. Durante o tempo no qual está ocorrendo o relaxamento do músculo cardíaco (*diástole*), a pressão cai a seu valor mínimo. Nos adultos jovens, o valor da pressão é de 120 mmHg durante a sístole e de 80 mmHg durante a diástole (normalmente se diz “doze por oito”).

Mecanismo da circulação

Quando nos referimos à circulação, estamos em geral nos referindo à circulação do sangue pelo nosso corpo. A função da circulação é levar, entre muitas outras substâncias, nutrientes (provenientes da digestão) e oxigênio (proveniente da respiração) para todo nosso corpo e, ao mesmo tempo, ir "recolhendo" resíduos decorrentes do metabolismo celular. A circulação do sangue é feita segundo dois percursos básicos (veja a figura abaixo).

Nosso coração é um órgão muscular que tem por função o bombeamento do sangue para o corpo todo. Esse bombeamento se dá através de dois movimentos fundamentais: a contração (sístole) e o relaxamento (diástole). Para que possamos entender melhor a forma pela qual se dá esse conjunto de movimentos, vamos tentar visualizar o nosso coração.

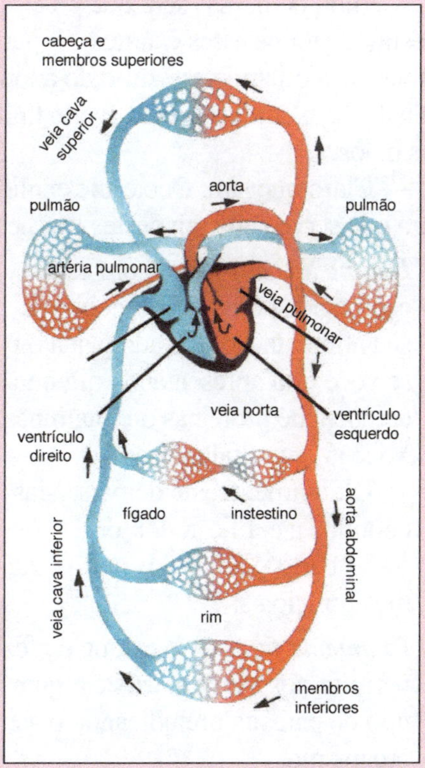

O interior do coração apresenta-se dividido em quatro cavidades: as duas superiores recebem o nome de átrios ou aurículas e as duas inferiores, de ventrículos. Observe, na figura, a existência de uma ligação entre os pares átrio (A) e ventrículo (V) de um mesmo lado(*). A conexão AV é feita com o auxílio de uma válvula que só permite a passagem de sangue no sentido dos átrios para os ventrículos. O ciclo cardíaco tem início com a contração dos átrios (sístole). O sangue que estava no interior dos átrios é, então, empurrado através das válvulas (mitral e tricúspede) e preenche os ventrículos, que nesse momento encontram-se em diástole (relaxados). É agora a vez de os ventrículos se contraírem e empurrarem o sangue. As válvulas impedem o retorno do sangue para os átrios, que estão relaxados, restando, como único caminho, as artérias pulmonar e aorta e daí o resto do corpo.

(*) Obs.: Tome cuidado, pois o conjunto A e V que você está vendo do seu lado esquerdo na realidade representa o lado direito do coração e se você não prestar atenção pode trocar o lado esquerdo pelo direito.

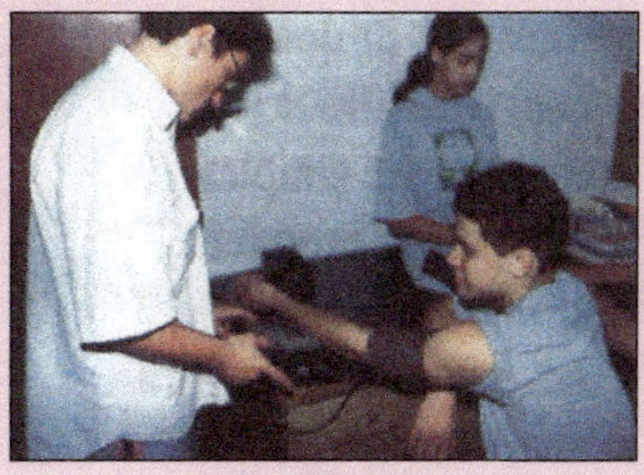

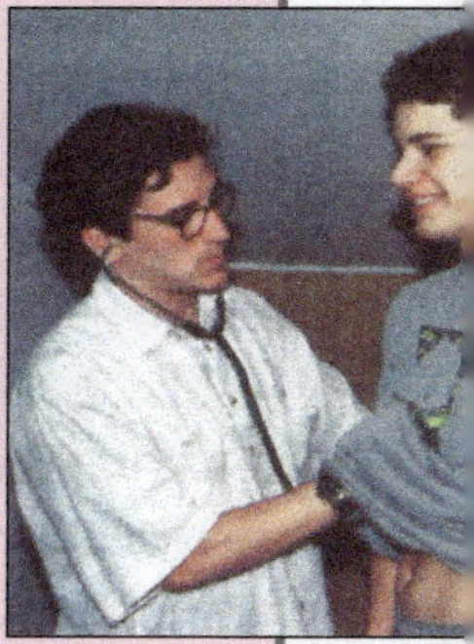

— Próximo passo, vamos auscultar o coração e os pulmões. Já que eu estou *dando uma de professor*, vamos ver se você é *fera*. Você sabe o que é que eu estou escutando quando coloco o estetoscópio no seu peito?

— O senhor deve estar querendo descobrir se o meu coração está batendo.

— Que o seu coração está batendo, dá pra saber só de olhar para você, já que você está respirando, conversando... ou seja, vivendo. A bem da verdade, o que eu quero saber ao auscultar seu coração é um pouco mais que isso. Deixe-me explicar: quando o sangue passa pelo interior do coração, que é irregular, essa passagem se dá de forma bastante turbulenta, agitada (dá pra comparar com as corredeiras de um rio bravo — daqueles que são bons para provas de canoagem), formando redemoinhos que provocam vibrações. Essas vibrações podem ser auscultadas com o auxílio de um estetoscópio. Quando o coração está com algum problema nas suas válvulas, sua superfície fica irritada (áspera) e isso provoca um turbilhão ainda maior, ou seja, uma vibração bem diferente da observada em um coração sadio. Isso pode ser percebido com o auxílio de um estetoscópio. É claro que, para um resultado seguro, o ideal é fazermos um eletrocardiograma, mas o uso do estetoscópio já ajuda bastante. Quase a mesma explicação vale para os pulmões, só que, em vez de sangue, o que penetra nos pulmões é o ar, e são as vibrações causadas pela penetração do ar que podemos perceber com o auxílio do estetoscópio. Com esse exame simples podemos perceber indícios de bronquite, asma ou pneumonia.

— Mas, doutor, será que só de olhar para mim não dá pra ver que estou bem de saúde?

— Antes fosse tão fácil. Por falta de informação, muitas pessoas que praticam esportes baseiam-se apenas na aparência, se acham saudáveis, e não procuram fazer exames médicos antes de iniciar a prática desportiva. Alguns problemas que poderiam ser rapidamente identificados com exames simples, como a auscultação, podem acabar por levar à morte alguns jovens atletas.

— Puxa vida! — espanta-se Zuca.

— Finalmente — diz o doutor — , fique em pé bem certinho e vamos ver a quantas anda sua postura. Aqui, sim, a observação simples pode identificar eventuais diferenças entre os membros e estruturas do corpo, como, por exemplo, os desvios de coluna. O.k. Por hora é só. São esses os exames que eu posso realizar aqui. Eu gostaria que você fizesse alguns exames laboratoriais para que a nossa avaliação fosse mais completa.

— Tudo bem, mas será que precisa mesmo de todos esses exames — pergunta Zuca olhando assombrado a longa lista de exames que o dr. Paulo tinha nas mãos.

— Claro que sim. Deixe-me explicar para que serve cada um destes exames:

- ***Exame de sangue*** — com esse exame nós podemos descobrir se sua alimentação está adequada ou se você está apresentando alguma carência de proteínas ou vitaminas... Você já ouviu falar nisso?

  — Ultimamente, até demais. Mas continue a explicar, doutor.

  — Tá certo. Vamos aos outros exames principais:

- ***Exame de fezes*** — o exame de fezes permite-nos saber se existe algum tipo de parasita prejudicando o seu organismo.
- ***Exame de urina*** — avalia possíveis infecções ou perda de substâncias que levariam a deficiências no seu organismo.

- ***Raios X do pulmão*** — este exame confirma a sua boa condição pulmonar e, consequentemente, respiratória.

Há ainda os exames complementares, que nem por isso deixam de ser importantes:

- ***Espirômetro*** — este é um aparelho que determina a capacidade pulmonar, ou seja, fornece quantos litros de ar você troca com o meio ambiente em uma inspiração profunda (capacidade vital).
- ***Dentista*** — uma verificação na condição de seus dentes é necessária, pois a saúde bucal afetada pode acarretar prejuízo no seu desempenho pessoal.

— Treinador — chamou o dr. Paulo —, parece que nosso rapazinho está em condições de iniciar o treino. Eu peço, entretanto, que vocês aguardem a resposta dos exames de laboratório para entrar em um treinamento mais rigoroso.

— O.k., doutor, o senhor é quem manda. Eu gostaria que fosse feito um acompanhamento da evolução física do Zuca. Podemos voltar regularmente?

— É claro que sim. Vamos ajudar o Zuca a se tomar um atleta de alto nível. Vamos marcar visitas mensais para avaliação.

— Obrigado, doutor, e até logo. Vamos lá, Zuca?

Já do lado de fora da enfermaria, Zuca e o treinador combinam as atividades para o dia seguinte.

— Pronto, Zuca, terminou mais uma etapa. Descanse bem esta noite e amanhã, depois das aulas, eu espero por você no ginásio. Venha com uma roupa bem confortável, pois vamos realizar alguns testes.

— Testes? Mas já, treinador? Assim não dá! — exclamou Zuca, demonstrando um enorme desânimo. — Primeiro foi a aula de Ciências, depois o exame médico, e agora, mais testes?

— Coragem, rapaz. Os testes de amanhã servirão para avaliarmos o seu condicionamento. Em outras palavras, amanhã vamos ver se você está em forma ou não. Faremos testes de resistência, velocidade, resistência muscular de braços, pernas e abdômen. É com base nos resultados que vamos estabelecer um programa de treinamento para você. Não se preocupe e até amanhã.

Os testes

No dia seguinte, apenas alguns minutos após o sinal de término das aulas, Zuca entra no ginásio de esportes da escola. O professor Roberto o espera em meio a uma parafernália de bolas, barras e colchonetes.

— E aí, professor, vamos começar?

— Oi, Zuca. Gostei de ver, você foi bastante pontual. Isso é realmente um bom começo. Sem querer parecer chato, a disciplina é a alma do negócio. Pensei que o Lucas viesse com você.

— Hoje não. Ele tem o treino de basquete à tarde, e, para ser franco, eu não o avisei. Eu não queria dar vexame com plateia.

— Não vai ter vexame nenhum. Você está apenas começando o seu treinamento. Não adianta cobrar de si mesmo coisas absurdas. Passo a passo você vai se preparar. Tenha calma. Vai chegar o momento, a competição, e aí sim você vai poder cobrar do seu corpo o tempo e o suor que investiu nele. Mas por falar em treinamento, só para lembrar, a escola não tem piscina. Você é sócio de algum clube?

— Não, mas eu já fui ver na Prefeitura. Eles me deixam usar o centro olímpico, que tem uma boa piscina. Foi lá que eu aprendi a nadar. Assim que eu levar o exame médico, posso começar a treinar.

— A parte do ciclismo...

— Meu irmão vai me emprestar a bicicleta.

— O.k. Então... vamos aos testes.

(1º) Vamos testar a sua agilidade (*shuttle run*)

(2º) Teste de resistência do abdômen

(3º) Teste de força muscular dos membros superiores

④ Resistência muscular dos membros inferiores

⑤ Velocidade

⑥ Dobra cutânea: avaliação do percentual de gordura corporal

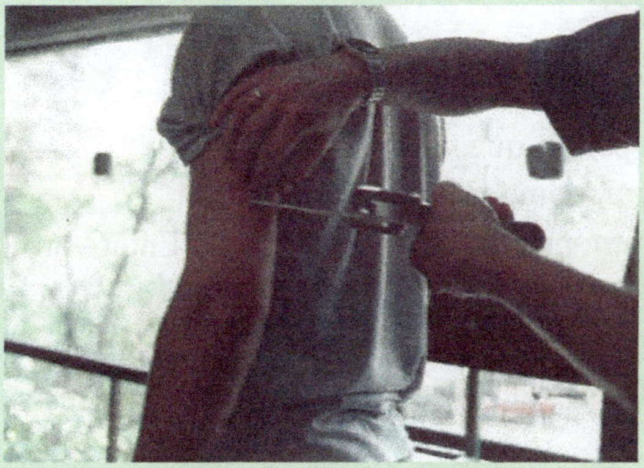

⑦ Condição aeróbica

⑧ Força (potência) dos braços (*medicine ball*)

Terminada a bateria de exercícios, Zuca, completamente sem fôlego e encharcado de suor, se arrasta até onde está o seu treinador.

— Puxa vida, eu pensei que não fosse mais acabar. E aí, como foi que eu me saí? Estou muito mal?

— Até que nem tanto.

— Nossa, deu para cansar. Suei tanto que mais parece que caí na água de roupa e tudo.

A perda de líquidos

— Por falar em suor, Zuca, deixeme dar umas dicas sobre a água. Você sabe que a água é de fundamental importância para o nosso corpo. Cerca de 70% da matéria que nos constitui é água. Parte dessa água serve de veículo para a eliminação das substâncias indesejáveis, tóxicas para o nosso organismo. A eliminação dessas substâncias é fundamentalmente feita através da urina, das fezes e do suor. Por outro lado, o nosso corpo tem que continuar funcionando normalmente, e para que isso aconteça é necessário que toda a água perdida seja reposta.

No caso particular dos atletas, o cuidado com a reposição da água perdida deve ser ainda maior, pois a quantidade de água eliminada aumenta bastante quando praticamos esportes.

— Então, professor, eu preciso tomar muita água para repor toda a água que eu perdi.

— Não precisa ser obrigatoriamente água pura. Sucos, frutas e muitos outros alimentos contêm uma considerável quantidade de água em sua composição, e ao ingeri-los estaremos, de alguma forma, repondo a água de que necessitamos. Agora, vá até o bebedouro repor a água perdida, tome um banho e vá para casa. Depois de amanhã eu já vou ter a resposta do médico e, juntamente com esta avaliação, vou poder estabelecer um programa de treinamento para que você consiga o melhor condicionamento do seu corpo.

Capítulo 5 Trabalhando o corpo

Passados os dois dias, Zuca procura o seu treinador para finalmente começar o seu treinamento.

— Oi, Zuca. Pode ficar sossegado. Você passou no exame médico e pode começar a treinar.

— Uau! O que estamos esperando?

— Vamos dividir o seu treinamento em dois estágios:

1º) Na primeira fase do treinamento vamos nos preocupar com os exercícios aeróbicos que darão força e resistência às pernas. Simultaneamente, faremos exercícios para o fortalecimento de braços e abdômen.

2º) A segunda fase corresponderá à natação, que contribuirá para o condicionamento global do corpo.

Faremos, inicialmente, a cada dia um tipo de atividade. Após algum tempo iniciaremos outra etapa, na qual duas modalidades poderão ser realizadas num único dia.

— Pronto para começar, treinador.

— Calma aí, rapaz. Antes de qualquer coisa, eu vou lhe falar sobre a respiração.

— Ah, professor, mas pelo menos respirar eu sei!

— A coisa não é tão simples quanto parece. A forma pela qual se respira é muito importante.

Respirar corretamente

— Ao respirarmos de forma pausada e profunda, estamos fazendo com que nossos tecidos sejam bem oxigenados e com que o funcionamento de nossas células seja o melhor possível. Para respirar corretamente é preciso, por exemplo, utilizar o nariz, e não a boca.

— Treinador, mas a respiração tem a ver com o pulmão. Onde é que a célula entra na história?

— Ô, Zuca, fugiu da escola, rapaz? Veja se presta atenção no que eu vou explicar.

Nossa respiração acontece em dois estágios: a *inspiração* e a *expiração*. A inspiração corresponde à entrada de ar nos pulmões e a expiração à saída desse ar. O ar penetra nos nossos pulmões porque, ao abaixarmos o *diafragma* e levantarmos as *costelas,* fazemos com que haja um aumento do volume do tórax (tudo se passa como se puxássemos o êmbolo de uma seringa tapando o orifício — veja a ilustração a seguir) e consequentemente fazemos com que a pressão interna ao tórax diminua. Para que o equilíbrio se mantenha, é necessário que uma certa quantidade de gás (ar) entre nos pulmões.

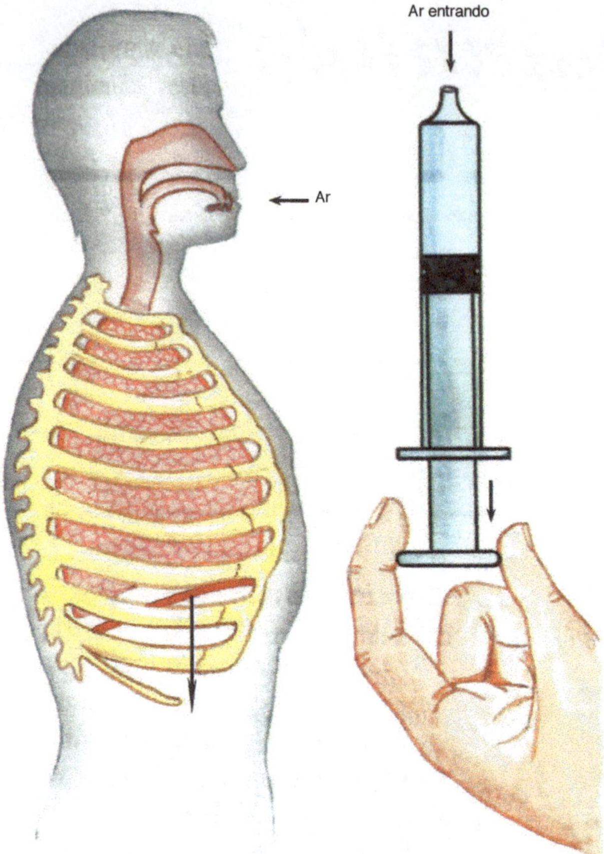

Quando levantamos as costelas e baixamos o diafragma causamos, ao nosso tórax, o mesmo efeito que o provocado numa seringa quando puxamos o êmbolo.

Na expiração, o processo é idêntico, porém se dá de maneira inversa, ou seja, o diafragma sobe e as costelas baixam. Aumenta a pressão nos *pulmões* e o ar sai. Os pulmões são constituídos por estruturas chamadas *alvéolos*. É nos alvéolos que ocorre a *hematose*, ou seja, a troca de gases com o sangue. O sangue que irriga os alvéolos apresenta-se com alta concentração de gás carbônico (resultado dos processos metabólicos celulares) e ao passar por eles "deixa" o gás carbônico e "retira" o oxigênio obtido na inspiração. O oxigênio vai, então, viajar pelo sangue preso à *hemoglobina* (pigmento presente nos glóbulos vermelhos), à qual se prende facilmente. Através do sistema de vasos que percorre todo o nosso corpo, essa hemoglobina é transportada para os pontos mais distantes dele. Esse oxigênio será utilizado pelas células durante o processo de quebra dos alimentos, que será responsável pela liberação de *energia*.

— Bom, no que diz respeito ao treinamento, ao alimentarmos corretamente as nossas células cerebrais com oxigênio permitiremos que o nosso cérebro tenha aumentada a sua capacidade de concentração e controle, e o nosso corpo terá melhor desempenho. É bom lembrar que é importante escolher com cuidado o local de treinamento, pois se, por exemplo, você resolver correr em uma avenida movimentada, onde uma grande quantidade de poluentes é liberada pelos automóveis, estará inspirando um ar com grande concentração de gás carbônico.

Trabalhando os músculos

— Continuando na linha dos conselhos, tome muito, mas muito cuidado mesmo com seus *músculos*. Antes de iniciar qualquer atividade física, você deve fazer uma sessão de *alongamento*. O alongamento serve para colocar sua musculatura em "funcionamento" de forma lenta e gradual, aumentando a circulação e consequentemente a temperatura e a oxigenação das células. Esse aquecimento diminui os riscos de uma lesão durante as atividades mais violentas, que exigem mais dos músculos. De músculos você entende um pouco, não é, Zuca?

— Bem, eu sei que existem três tipos de tecido muscular: o esquelético, o liso e o cardíaco, e que se não fossem os músculos a gente não poderia se mexer.

— É, já é alguma coisa. Cabe lembrar que não é somente pelos nossos movimentos voluntários que os músculos são responsáveis. Alguns músculos, em geral lisos, funcionam sob o comando direto do sistema nervoso autônomo, o que quer dizer que não obedecem à nossa vontade consciente, e são chamados músculos *involuntários*. Existe um músculo involuntário de extrema importância para a nossa vida que não é liso. Você sabe que músculo é esse?

— O *miocárdio*, o músculo do coração.

— Exatamente. Voltando um pouco, você sabe como é que funciona esse negócio de o músculo ser responsável pelos nossos movimentos? A história é a seguinte:

Todo músculo é formado por um feixe de *fibras*. Cada uma dessas fibras pode estar em duas situações distintas: ou contraída, ou relaxada, não existe meio-termo. Ao se contrair, o músculo gasta energia e libera calor. A quantidade de energia disponível para que o músculo realize suas atividades depende diretamente da quantidade de oxigênio disponível. Durante um esforço prolongado do músculo, a quantidade de oxigênio que chega até ele pode não ser suficiente para a produção de energia, e as células passam a realizar um processo de obtenção de energia que tem como produto o *ácido lático*. O acúmulo de ácido lático nos músculos produz dor, fadiga e mesmo cãibras, sinais para a suspensão do esforço ao qual o músculo está sendo submetido.

A nossa musculatura esquelética está presa aos nossos ossos, e a contração de um músculo faz com que o osso ao qual ele está preso execute um movimento. Observe o esquema.

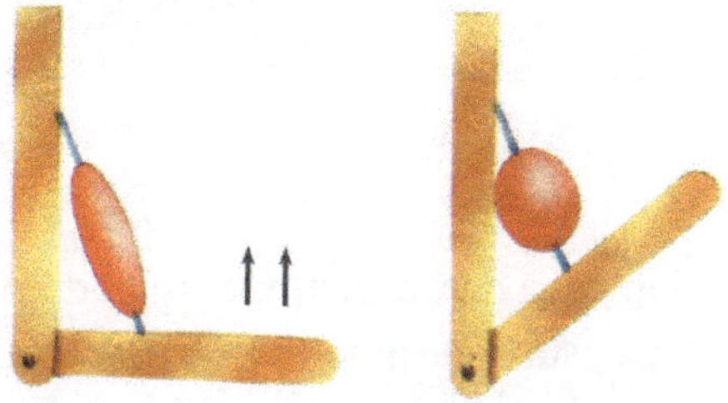

Acompanhe o que acontece com os músculos de nosso braço durante um movimento. Ao contrairmos o bíceps, estamos fazendo com que o braço se dobre, se flexione. Se somente esse músculo existisse, a única outra possibilidade para o antebraço seria estar solto. Ora, mas você sabe que podemos esticar o antebraço, e portanto precisamos de um outro músculo que se contraia para que isso ocorra, no caso, o *tríceps*.

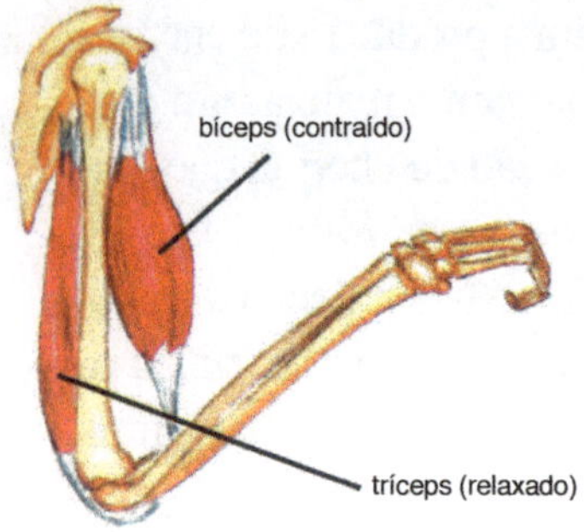

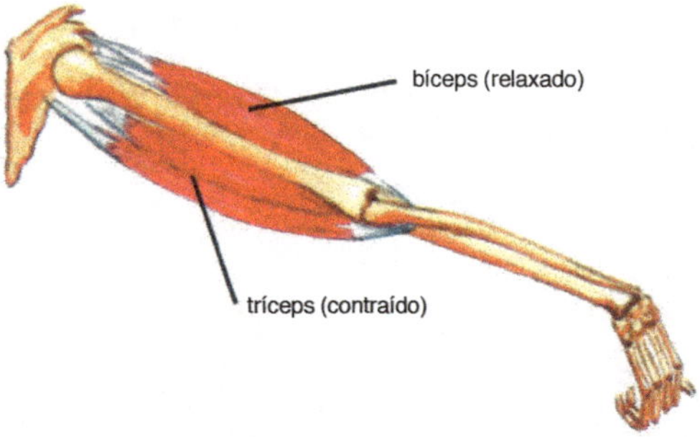

No caso desse exemplo, quando o bíceps está contraído, o tríceps encontra-se relaxado, e vice-versa, quando o tríceps está contraído, o bíceps está relaxado. O movimento de um músculo é oposto ao do outro e por isso esses músculos recebem a denominação de *antagônicos*. O caso de antagonismo entre bíceps e tríceps é apenas um exemplo. Para cada músculo do nosso corpo existe um outro antagônico a ele, o que nos permite um grande número de movimentos.

— Professor, mas se os músculos ou estão contraídos ou relaxados, como é que nós não nos movemos "de soquinho"?

— É o seguinte: quando o cérebro envia uma ordem de contração para um músculo, ele define o número de fibras desse músculo que deverão se contrair. Além disso, o tempo de resposta de um músculo às ordens do cérebro varia de fibra para fibra, dentro de um mesmo músculo. A mesma coisa vale para o relaxamento. Se não houvesse esse controle, tomar uma xícara de café poderia ser um desastre. Um exemplo de controle perfeito das fibras dos músculos é o movimento dos dedos de um guitarrista. Você já viu o Paco de Lucía, por exemplo, que perfeição?

— Eu sou mais o Jimmy Page.

— Jimmy quem?

— Deixa pra lá, treinador, vamos continuar. Tem certas coisas que nem adianta discutir.

Cuidado com as articulações

— Está certo, vamos continuar. Você já tem um tênis para os treinos ou vai comprar um novo?

— Eu tenho um, mas está meio velhinho. Eu estava pensando em comprar um daqueles que o pessoal da NBA usa.

— Ué, mas você vai jogar basquete?

— Não, mas eu pensei...

— Cuidado, Zuca. Hoje em dia os calçados esportivos são feitos de acordo com os requisitos do esporte escolhido. Como você vai correr, é importante que seu tênis seja leve, absorva bem os choques com o solo e tenha boa aderência. O peso do tênis, é óbvio, define se você vai exigir mais ou menos dos seus músculos. A aderência é necessária para você não ficar derrapando na pista, e ainda mais importante é o amortecimento. O amortecimento dos choques contra o solo é que protege as articulações do seu corpo. Você sabe que para realizarmos nossos movimentos, além da contração dos músculos, é necessário que os ossos tenham mobilidade. Essa mobilidade se dá a partir de pontos denominados *articulações*. Os *ligamentos* são fibras flexíveis e extremamente resistentes que têm por finalidade unir os ossos, que se articulam sem entretanto impedir o movimento. Por falar nisso, existe um feixe de fibras, também bastante resistentes, que servem para prender os músculos aos ossos. Esse feixe recebe o nome de *tendão*. Em regiões nas quais as articulações são muito solicitadas, a articulação encontra-se revestida por uma membrana chamada de *cápsula articular*, preenchida por um líquido (sinovial), que serve para lubrificar as articulações, diminuindo a possibilidade de atrito entre os ossos e o consequente desgaste durante o movimento. Nas articulações que recebem maior impacto (choques) existem ainda, dentro da cápsula, *discos* ou *meniscos* fibrosos que funcionam como amortecedores. Muito embora o nosso corpo tenha se encarregado de providenciar formas de evitar traumas nas articulações, o excesso ou descuido na execução de exercícios físicos podem acarretar lesões. É aí que entram não só os calçados corretos, mas também o aquecimento do corpo antes dos exercícios, o alongamento e a graduação na aplicação de exercícios durante treinamentos.

Escolhendo um programa de treinamento

— Antes de colocar a mão realmente na massa, eu quero que você dê uma olhadinha neste programa de treinamento que eu elaborei para você. Leia e verifique se existe algum ponto que merece uma discussão.

Programa de treinamento

	2ª-feira	3ª-feira	4ª-feira	5ª-feira	6ª-feira	sábado
estágio 1	Alongamento. Caminhar e correr por 30 min: intercalar 3 minutos de caminhada e 1 de corrida. (Com o tempo, diminuir a caminhada e aumentar a corrida.)	Alongamento. 30 min de bicicleta. 2 × 20 abdominais e flexões de braço. Alongamento.	Igual ao de 2ª feira	Igual ao de 3ª feira	Igual ao de 2ª feira, mas caminhando 2 minutos e correndo 2 minutos.	Alongamento. 45 min de bicicleta. 2 × 25 abdominais e flexões de braço.

Nós vamos aumentar o grau de dificuldade a cada semana, e após 1 mês passamos para o segundo estágio.

	2ª-feira	3ª-feira	4ª-feira	5ª-feira	6ª-feira	sábado
estágio 2	Alongamento. Natação: 200 metros em baixa intensidade. 2 × 25 abdominais e flexões de braços e pernas. Alongamento.	Alongamento. 45 min de bicicleta. Exercícios de flexibilidade. Alongamento.	Alongamento. 25 min de corrida. Alongamento.	Igual ao de 2ª feira.	Alongamento. 30 min de corrida. Alongamento.	Igual ao de 3ª feira.

Com o passar das semanas iremos aumentando o grau de dificuldade. Depois de 1 mês passamos finalmente para o 3º estágio, no qual serão praticadas duas modalidades por dia. Lembre-se de que nessa etapa deverão ainda ser feitas séries de braços, abdômen e pernas, intercaladas nos dias da semana.

	2ª-feira	3ª-feira	4ª-feira	5ª-feira	6ª-feira	sábado
estágio 3	Alongamento. Natação: 300 metros em baixa intensidade e sem intervalo. 30 min de bicicleta. Alongamento.	Alongamento. 30 min de corrida. Alongamento.	Alongamento. 450 metros de natação com 1 parada em ritmo calmo. 40 min de bicicleta em ritmo lento. Alongamento.	Alongamento. 35 min de corrida. Alongamento.	Alongamento. 1 hora de bicicleta. 600 metros de natação, com descanso.	Alongamento. 35 min de corrida. 300 metros de natação, sem intervalo. Alongamento.

— Professor, o senhor acha que eu vou estar pronto para ganhar a competição daqui a três meses?

— Ganhar, não sei, mas eu acho que dá para terminar a prova, o que já é um grande desafio. Você vai estar competindo com atletas bem mais experientes que você, e essa prova será um bom teste, uma boa avaliação do seu trabalho neste período. Passada a competição, vamos continuar treinando, e aí... quem sabe um dia...

— Mas, professor, não tem nada que eu possa fazer para aumentar o meu rendimento?

— Vamos sentar ali na arquibancada — diz o treinador a Zuca — , pois eu acho que a conversa vai ser meio comprida.

Capítulo 6 O que ajuda e o que atrapalha

— O que é que você quer dizer com aumentar o rendimento?

— É que eu conheço um pessoal, bem, não vem ao caso quem, mas eles me disseram que tomam uns remédios. Não deram o nome, mas, se eu pedisse, eu acho que davam. Os resultados parecem ser bons. Eles adquiriram uma senhora forma física em pouco tempo e não se cansam tanto.

Anabolizantes

— Ah, Zuca, você deve estar falando de anabolizantes. Nem pensar, ou melhor, a decisão é sua, mas deixe-me primeiro explicar direitinho do que se trata.

Os anabolizantes têm seu uso proibido em competições, e é por isso que após cada prova ou de jogos, como o futebol, alguns atletas, geralmente os que atingiram os melhores tempos, são obrigados a um exame de urina. Se alguma substância, das proibidas, for encontrada com o exame, fica configurado o *doping*. Quando isso ocorre, o atleta é desclassificado e quaisquer títulos conquistados na competição deixam de valer para esse atleta. Outra coisa que pode acontecer é uma punição que afasta o atleta das competições por algum tempo.

— Eu já fiquei sabendo de um caso desses. Foi isso que aconteceu com aquele cara, o Ben Johnson, aquele canadense das Olimpíadas de Seul. Ele ganhou os 100 metros, uma medalha de ouro, mas não levou.

— Isso mesmo. Você viu que vexame!? No exame *antidoping* dele foi verificado o uso de anabolizantes. Os anabolizantes são hormônios masculinos que, uma vez utilizados, fazem com que o atleta ganhe, rapidamente, uma grande massa muscular, que possivelmente só seria atingida com um treinamento longo e rigoroso.

Folha Imagem / Jorge Araújo

— Mas, professor, se esses anabolizantes têm um efeito tão bom, por que é que não podem ser utilizados?

— Na aparência, o efeito é ótimo, mas a médio e a longo prazos esses medicamentos podem causar doenças nas glândulas sexuais, câncer no fígado e ainda lesões nos ligamentos e tendões. Raciocine comigo: seus músculos crescem rapidamente e tornam-se muito fortes. Nessa situação, a tendência natural do atleta é aumentar o ritmo de treinamento. Só que os anabolizantes só desenvolvem os músculos. Os tendões e ligamentos não acompanham esse crescimento e, dessa forma, com o aumento no ritmo de trabalho, serão forçados acima daquilo que podem suportar. Existem casos extremos de atletas que morreram em consequência do uso dessas drogas.

— Nossa, eu nem fazia ideia de tudo isso!

— Não são só os anabolizantes. Existem outras drogas que podem afetar o desempenho de um esportista. Estimulantes, por exemplo.

Estimulantes

— Agora que o senhor começou, vá até o fim.

— Tudo bem. Os estimulantes foram, possivelmente, os primeiros de uma série de drogas que têm sido utilizadas. Nas Olimpíadas de Atenas, em 1896, ciclistas, corredores e outros atletas mascavam pastilhas que continham vários tipos de estimulantes, entre eles a cocaína, desconhecendo os problemas que poderiam se suceder. Como os efeitos dessas drogas não eram conhecidos, não havia nenhum tipo de proibição.

Quando alguém toma um estimulante, a transmissão dos impulsos nervosos que controlam os movimentos dos músculos fica facilitada e com isso os reflexos tornam-se mais rápidos, a concentração aumenta e as mensagens que comunicam a dor são mais facilmente ignoradas.

Com todas essas "facilidades", o atleta é induzido a forçar o seu corpo a ultrapassar todos os limites. Imagine, então, o que pode acontecer no caso de o coração "pedir" para que você vá mais devagar, e o estimulante fizer com que você simplesmente não escute esse pedido? Morte.

— Credo, professor, já dá para imaginar porque essas drogas são tão combatidas.

— Existem outras...

Diuréticos e outros...

— Veja o caso dos diuréticos, por exemplo. Os diuréticos são medicamentos que quando receitados por médicos, para casos específicos, são de extrema valia. Alguns praticantes, não muito honestos, diga-se de passagem, de boxe, judô, e outras modalidades de luta, entretanto, ingerem esse tipo de medicação. Por que lutadores, e para quê? Os diuréticos fazem com que uma grande quantidade de água seja eliminada rapidamente do organismo. Como consequência verifica-se uma acentuada perda de peso por parte dos atletas, que podem, então, passar a competir em categorias inferiores às que deveriam pelo seu peso normal.

No caso das competições que envolvem disputas dois a dois, para que haja justiça, os atletas devem pertencer à mesma categoria.

— Mas isso não é leal!

— E por isso os diuréticos são proibidos. Nas várias modalidades de lutas, e em alguns esportes mais violentos, ainda são utilizadas, muito embora proibidas, drogas chamadas *narcóticos analgésicos*, que diminuem a sensibilidade do atleta à dor, permitindo que eles "apanhem mais" sem "cair na lona". Existem ainda os *betabloqueadores*, cuja função original era auxiliar no tratamento de pessoas com hipertensão (pressão alta). Os betabloqueadores atuam sobre todo o organismo, diminuindo a frequência cardíaca e, dessa forma, fazendo com que o braço fique mais firme (sem tremores eventuais). Isso pode não parecer importante para um corredor, mas para um competidor de arco e flecha pode significar uma diferença enorme de resultados.

Outra forma de aumentar o desempenho consiste em aumentar a oxigenação do sangue. Antigamente isso era feito através de transfusões de sangue às quais os atletas se submetiam antes das provas, mas essa prática foi inibida com o aparecimento da Aids. Existe, entretanto, uma forma recente de *doping* através de substâncias chamadas *hormônios peptídios*. Essas substâncias têm a capacidade de aumentar a quantidade de glóbulos vermelhos no sangue e com isso ampliam a possibilidade de oxigenação das células.

— Esses hormônios também fazem mal?

— Fazem, pois tornam o sangue mais espesso. O sangue mais "grosso" tem dificuldade em penetrar nos vasos sanguíneos de menor calibre, e com isso o sangue não consegue atingir todos os pontos do nosso corpo.

— Puxa, quanta coisa! Eu não tinha nem ideia!

— Agora, diga lá, Zuca, você acha que vale a pena arriscar e usar essas drogas?

— Nem pensar. Deus me livre! Sou mais um pouco de malhação. Não quero nem saber de nada pra aumentar o meu desempenho.

Da biomecânica à psicologia, o que pode ajudar

— Calma, Zuca, nem tudo o que aumenta o desempenho é droga e faz mal à saúde. Existem atualmente algumas técnicas de avaliação que permitem analisar o comportamento do atleta sob aspectos internos e externos, facilitando o trabalho de condicionamento e treinamento.

Cabe à *fisiologia* o estudo do que está acontecendo ao atleta em nível celular. Com o auxílio de alguns aparelhos podemos determinar a frequência cardíaca do atleta durante a realização de um determinado exercício, o volume de ar trocado durante a respiração, o consumo de oxigênio, o volume de gás carbônico expirado e a quantidade de ácido lático formada.

Outro método utilizado para o aprimoramento do atleta é a *biomecânica*, dividida em: *antropometria*, *eletromiografia* e *dinamometria*.

A antropometria parte de cálculos matemáticos que determinam o centro de gravidade do corpo do atleta, permitindo o desenvolvimento de um melhor equilíbrio. A eletromiografia determina, através de técnicas avançadas, quais músculos estão sendo utilizados em cada um dos menores movimentos realizados pelo atleta. Caso algum músculo esteja sendo "esquecido", ou indevidamente usado, com o "diagnóstico" a correção é possível. Finalmente, a dinamometria se preocupa em analisar a forma pela qual se dá a distribuição de forças ao longo de um impacto com o solo.

— Credo, professor, dá até a impressão de que os atletas são máquinas sendo ajustadas da mesma forma que um carro de Fórmula 1.

— Nem sempre. A preparação psicológica conta tanto quanto a física. Os atletas que se submetem a grandes tensões (Olimpíadas, por exemplo) precisam de um bom preparo psicológico. Se um atleta com um ótimo preparo físico tiver apenas um momento de desconcentração, pode colocar em risco uma medalha.

— É, eu tenho que aprender muita coisa ainda, não é mesmo?

— Basta ter paciência e dedicação. Agora chega de conversa fiada e vamos ao trabalho.

Começa, finalmente, o trabalho de preparação do Zuca. Depois de algumas dicas sobre o funcionamento do seu próprio corpo, da escolha da dieta, das roupas, de realizados os exames médicos, os testes físicos e da elaboração de um programa de atividades físicas,

Zuca está pronto para começar o seu treinamento de forma consciente, visando ao melhor aproveitamento possível e ao menor risco.

O tempo vai passando...

Após longos noventa dias de muito trabalho, chega finalmente o tão esperado momento, a competição. Uma verdadeira multidão aguarda o início da prova, da qual participa grande número de competidores, vindos dos mais diversos lugares. Zuca está entre eles, fazendo um trabalho de aquecimento, quando Lucas, com ares de meio perdido, se aproxima.

— Quanta gente! Ei, parece que você andou treinando um bocado, hein? E então, vai faturar o triatlo?

— Oi, Lucas. Sabe, pra faturar ainda falta treinar muito, mas participar eu vou. Experiência nunca é demais, não é mesmo? Agora, ganhar... isso é para mais tarde.

Dados Internacionais de Catalogação na Publicação (CIP)
(Câmara Brasileira do Livro, SP, Brasil)

Grassi-Leonardi, Teresa
A dinâmica do corpo humano / Teresa Grassi-Leonardi, Cristina Leonardi ; coordenação Kátia Mantovani ; ilustrações Grego, Osni de Oliveira. — São Paulo : Atual, 1995. — (Projeto Ciência).

Inclui roteiro de leitura.
ISBN 978-85-7056-701-7

1. Anatomia humana 2. Corpo humano 3. Fisiologia humana I. Leonardi, Cristina. II. Mantovani, Kátia. III. Grego. IV. Oliveira, Osni de. V. Título. VI. Série.

95-1571 CDD-611
NLM-QS4

Índice para catálogo sistemático:
1. Corpo humano : Anatomia 611

Série **Projeto Ciência**

Editor: Valdir Montanari
Assistente editorial: Shirley Gomes
Preparação de texto: Noé G. Ribeiro/Maria Luiza Simões
Gerente de produção editorial: Cláudio Espósito Godoy
Assistente de produção editorial: Rosângela F. de Melo
Revisão: Maria Luiza X. Souto/Magna R. Teobaldo/Maria da Penha Faria
Editoração eletrônica: Silvia Regina E. Almeida/Virgínia S. Araújo
Chefe de arte: Balduino Ferreira Leite
Diagramação: Julia Nakano
Produção gráfica: Antonio Cabello Q. Filho
José Rogerio L. de Simone/Maurício T. de Moraes
Projeto gráfico e capa: Tania Ferreira de Abreu
Produção fotográfica de miolo: Grassi-Leonardi
Foto de capa: Andy Zitto/Image Bank
Impressão e acabamento: Forma Certa

10ª tiragem, 2022

SARAIVA Educação Ltda.
Avenida das Nações Unidas, 7221 – Pinheiros
CEP 05425-902 – São Paulo – SP – Tel.: (0XX11) 4003-3061
www.editorasaraiva.com.br

CL: 810646
CAE: 602391